Impressum
Verlag: BABADADA GmbH, Nedderfeld 112 , 22529 Hamburg
Geschäftsführer / Verlagsleitung: Harald Hof
Druck: Books on Demand GmbH, In de Tarpen 42, 22848 Norderstedt

Imprint
Publisher: BABADADA GmbH, Nedderfeld 112 , 22529 Hamburg, Germany
Managing Director / Publishing direction: Harald Hof
Print: Books on Demand GmbH, In de Tarpen 42, 22848 Norderstedt

school

məktəb

divide
bölmək
186/2

board
yazı taxtası

classroom
sinif otağı

school yard
məktəb həyəti

teacher
müəllim

paper
kağız

pen
qələm

desk
iş masası

write
yazmaq

ruler
xətkeş

book
kitab

pupil
şagird

satchel

məktəbli çantası

pencil case

karandaş qabı

pencil

karandaş

pencil sharpener

karandaş yonan

rubber

pozan

drawing pad

rəsm albomu

drawing

rəsm

paintbrush

boya fırçası

paint box

boya qutusu

scissors

qayçı

glue

yapışdırıcı

exercise book

dəftər

homework

ev tapşırığı

number

say

add

əlavə etmək

subtract

çıxmaq

multiply

vurmaq

calculate

hesablamaq

letter

hərf

alphabet

əlifba

word

söz

text

mətn

read

oxumaq

chalk

tabaşir

lesson

dərs

register

sinif jurnalı

examination

imtahan

certificate

təhsil haqqında sənəd

school uniform

məktəb uniforması

education

təhsil

encyclopedia

ensiklopediya

university

universitet

microscope

mikroskop

map

xəritə

waste-paper basket

zibil qutusu

hotel
mehmanxana

hostel
yataqxana

currency exchange office
valyuta mübadiləsi məntəqəsi

car
avtomobil

language
dil

yes / no
bəli/xeyr

Okay
oldu

hello
salam

translator
tərcüməçi

Thank you
Təşəkkür edirəm

how much is...?

giyməti nə qədərdir ...?

I don´t get it

mən başa düşmürəm

problem

problem

Good evening!

Axşamınız xeyir!

Good morning!

Sabahınız xeyir!

Good night!

Gecəniz xeyrə galsin!

goodbye

hələlik

direction

istiqamət

luggage

baqaj

bag

torba

backpack

kürək çantası

guest

qonaq

room

otaq

sleeping bag

yataq-çuval

tent

çadır

tourist information

turistlər üçün məlumat

beach

çimərlik

credit card

kredit kartı

breakfast

səhər yeməyi

lunch

günorta yeməyi

dinner

nahar yeməyi

Ticket

bilet

elevator

lift

stamp

poçt markası

border

sərhəd

customs

gömrük

embassy

səfirlik

visa

viza

passport

pasport

travel - səyahət

airplane
təyyarə

ship
gəmi

fire truck
yanğınsöndürmə maşını

bus
avtobus

truck
tir/yük maşını

motorboat
motorlu qayıq

bike
velosiped

car
avtomobil

ferry

bərə

boat

qayıq

motorbike

motosiklet

police car

polis avtomobili

racing car

yarış avtomobili

rental car

icarə avtomobili

car sharing

avtomobil icarəsi

tow truck

texniki yardım maşını

garbage truck

zibil maşını

engine

mühərrik

fuel

yanacaq

fuel station

benzin doldurma mənteqəsi

traffic sign

yol nişanı

traffic

yol hərəkəti

traffic jam

tıxac

parking lot

avtomobil dayanacağı

train station

dəmir yolu stansiyası

tracks

dəmiryol

train

qatar

tram

tramvay

wagon

vaqon

helicopter

helikopter

airport

hava limanı

tower

qüllə

passenger

sərnişin

container

konteyner

carton

karton qutu

cart

əl arabası

basket

səbət

take off / land

qalxmaq / enmək

city

şəhər

village

kənd

city center

şəhər mərkəzi

house

ev

movie theater
kino

advert
reklam

street light
küçə lampası

CINEMA

street
küçə

taxi
taksi

snack shop
qəlyənaltı dükanı

pedestrian
piyada keçidi

sidewalk
səki

zebra crossing
zebra keçid

dumpster
zibil qabı

crossing
yol qovşağı

traffic lights
işıqfor

hut

daxma

apartment

mənzil

train station

dəmir yolu stansiyası

city hall

bələdiyyə binası

museum

muzey

school

məktəb

university

universitet

bank

bank

hospital

xəstəxana

hotel

mehmanxana

pharmacy

aptek

office

ofis

book shop

kitab dükkanı

shop

dükan

flower shop

çiçək dükanı

supermarket

supermarket

market

bazar

department store

univermaq

fishmonger's shop

balıq satıcısı

mall

ticarət mərkəzi

harbor

liman

park

park

bench

oturacaq

bridge

körpü

stairs

pilləkən

subway

metro

tunnel

tunel

bus stop

avtobus dayanacağı

bar

bar

restaurant

restoran

postbox

poçt qutusu

street sign

küçə nişanı

parking meter

parkinq sayğacı

zoo

zoopark

swimming pool

üzgüçülük hovuzu

mosque

məscid

city - şəhər

farm

ferma

pollution

ətraf mühitin çirklənməsi

cemetery

məzarlıq

church

kilsə

playground

oyun meydançası

temple

məbəd

landscape

mənzərə

signpost
yol nişanı

path
yol

meadow
çəmən

stone
daş

tree
ağac

hiker
piyada səyyah

river
çay

grass
ot

flower
gül

valley
vadi

hill
təpə

lake
göl

forest
meşə

desert
səhra

volcano
vulkan

castle
qəsr

rainbow
göy qurşağı

mushroom
göbələk

palm tree
palma

mosquito
ağcaqanad

fly
milçək

ant
qarışqa

bee
arı

spider
hörümçək

beetle

böcək

frog

qurbağa

squirrel

dələ

hedgehog

kirpi

hare

dovşan

owl

bayquş

bird

quş

swan

qu quşu

boar

qaban

deer

maral

moose

sığın

dam

su bəndi

wind turbine

külək turbini

solar panel

günəş batareyası

climate

iqlim

landscape - mənzərə

waiter
ofisiant

menu
menyu

chair
kreslo

soup
şorba

pizza
pizza

cutlery
bıçaq, çəngəl, qaşıq

tablecloth
süfrə

starter

məzə

main course

əsas yemək

dessert

desert

drinks

içkilər

food

yemək

bottle

şüşə

fast food

fast food

street food

küçə yeməkləri

teapot

çaynik

sugar bowl

qəndqabı

portion

pay

espresso machine

espresso maşını

high chair

hündür uşaq kreslosu

bill

faktura

tray

nimçə

knife

bıçaq

fork

çəngəl

spoon

qaşıq

teaspoon

çay qaşığı

serviette

salfet

glass

şüşə

plate

boşqab

soup plate

şorba boşqabı

saucer

nəlbəki

sauce

sous

salt shaker

duz qabı

pepper mill

bibərüyüdən

vinegar

sirkə

oil

duru yağ

spices

ədviyyat

ketchup

ketçup

mustard

xardal

mayonnaise

mayonez

special offer
xüsusi təklif

customer
müştəri

dairy products
süd məhsulları

fruit
meyvə

shopping cart
alış-veriş arabası

butcher's shop

qəssab dükanı

bakery

çörəkçi

weigh

çəkmək

vegetables

tərəvəz

meat

ət

frozen food

dondurulmuş qida

cold cuts

soyuq ət yeməyi

canned food

konservləşdirilmiş qida

detergent

yuyucu toz

candy

şirniyyat

household products

təsərrüfat malları

cleaning products

yuyucu vasitələr

sales representative

satıcı

cash register

kassa

cashier

kassir

shopping list

alış-veriş siyahısı

opening hours

iş saatları

wallet

pul kisəsi

credit card

kredit kartı

bag

torba

plastic bag

plastik torba

water

su

juice

şirə

milk

süd

coke

cola

wine

şərab

beer

pivə

alcohol

alkoqollu içkilər

cocoa

kakao

tea

çay

coffee

qəhvə

espresso

espresso

cappuccino

kapuçino

banana

banan

apple

alma

orange

portağal

melon

yemiş

lemon

limon

carrot

yerkökü

garlic

sarımsaq

bamboo

bambuq

onion

soğan

mushroom

göbələk

nuts

qoz-fındıq

noodles

əriştə

spaghetti

spagetti

rice

düyü

salad

salat

fries

cips

fried potatoes

qızardılmış kartof

pizza

pizza

hamburger

hamburger

sandwich

sandviç

escalope

eskalop

ham

hisə verilmiş donuz əti

salami

salyami

sausage

kolbasa

chicken

toyuq

roast

qızardılmış ət tikəsi

fish

balıq

porridge oats

yulaf yarması

muesli

müsli

cornflakes

partlaq qarğıdalı

flour

un

croissant

kruassan

bread roll

bulka

bread

çörək

toast

tost

cookies

peçenye

butter

kərə yağı

curd

kəsmik

cake

tort

egg

yumurta

fried egg

qayğanaq

cheese

pendir

ice cream

dondurma

sugar

şəkər

honey

bal

jelly

mürəbbə

nougat cream

şokolad pastası

curry

köri

goat

keçi

cow

inək

calf

dana

pig

donuz

piglet

donuz balası

bull

öküz

goose

qaz

duck

ördək

chick

cücə

hen

toyuq

cockerel

xoruz

rat

siçovul

cat

pişik

mouse

siçan

ox

öküz

dog

it

dog house

itdamı

garden hose

bağ şlanqı

watering can

susəpən

scythe

dəryaz

plow

kotan

sickle

oraq

hoe

kətman

pitchfork

yaba

axe

balta

pushcart

əl arabası

trough

çalov

milk can

süd bidonu

sack

çuval

fence

çəpər

stable

tövlə

greenhouse

istixana

soil

torpaq

seed

toxum

fertilizer

gübrə

combine harvester

taxılbiçən kombayn

harvest

məhsul yığmaq

harvest

məhsul yığımı

yams

yam

wheat

buğda

soya

soya

potato

kartof

corn

dən

rapeseed

raps

fruit tree

meyvə ağacı

manioc

maniok

grain

yarma

living room

qonaq otağı

bathroom

hamam otağı

kitchen

mətbəx

bedroom

yataq otağı

kids room

uşaq otaqı

dining room

yemək otağı

floor

döşəmə

wall

divar

ceiling

tavan

cellar

zirzəmi

sauna

sauna

balcony

balkon

terrace

terras

pool

üzgüçülük hovuzu

lawn mower

otbiçən maşın

sheet

mələfə

bedspread

yataq örtüyü

bed

yataq

broom

süpürgə

bucket

vedrə

switch

elektrik açarı

carpet

xalça

drape

pərdə

table

masa

chair

kreslo

rocking chair

yırğalanan stul

armchair

kreslo

book

kitab

blanket

yorğan

decoration

bəzək

firewood

odun

film

film

stereo system

stereo səs sistemi

key

açar

newspaper

qəzet

painting

rəsm əsəri

poster

plakat

radio

radio

notebook

bloknot

vacuum cleaner

tozsoran

cactus

kaktus

candle

şam

fridge
soyuducu

microwave oven
mikrodalğalı soba

kitchen scales
mətbəx tərəzisi

toaster
tost maşını

laundry detergent
yuyucu vasitələr

stove
soba

freezer
dondurucu kamera

dishwasher
qabyuyan maşın

cooker

soba

pot

qazan

cast-iron pot

çuqun qazan

wok / kadai

vok / kadai

pan

tava

kettle

çaydan

steamer

buxar qazanı

baking tray

sac

crockery

qab

mug

fincan

bowl

ləyən

chopsticks

yemək üçün çubuqlar

ladle

çömçə

spatula

spatula

whisk

çırpıcı

strainer

süzgəc

sieve

ələk

grater

sürtgəc

mortar

həvəngdəstə

barbecue

barbekyu

fireplace

ocaq

chopping board

doğrama taxtası

rolling pin

oxlov

corkscrew

probkaçıxaran

can

banka

can opener

bankaağzıaçan

oven cloth

qabtutan

sink

əl üz yuyan

brush

fırça

sponge

süngər

blender

blender

deep freezer

dondurucu

baby bottle

körpə şüşəsi

tap

kran

heating
qızdırıcı

shower
duş

towel
dəsmal

shower curtain
duş pərdəsi

bubble bath
köpüklü vanna

bathtub
hamam vannası

glass
şüşə

washing machine
paltaryuyan maşın

tiles
kafel

tap
kran

potty
güvəc

sink
əl üz yuyan

toilet

tualet

squat toilet

çömbəlmə tualet

bidet

bide

urinal

urinal

toilet paper

tualet kağızı

toilet brush

tualet fırçası

toothbrush

diş fırçası

toothpaste

diş pastası

dental floss

diş ipi

wash

yumaq

hand shower

əl duşu

douche

intim duş

basin

taz

back brush

bel fırçası

soap

sabun

shower gel

duş üçün gel

shampoo

şampun

flannel

əsgi

drain

drenaj

creme

krem

deodorant

dezodorant

mirror

güzgü

hand mirror

əl güzgüsü

razor

ülgüc

shaving foam

üz qırxmaq üçün köpük

aftershave

təraşdan sonra su

comb

daraq

brush

fırça

hair-dryer

fen

hairspray

saç spreyi

makeup

makiyaj

lipstick

dodaq boyası

nail varnish

dırnaq lakı

cotton wool

pambıq

nail scissors

dırnaq qayçısı

perfume

ətir

washbag

gigiyenik torba

stool

kətil

weighing scales

tərəzi

bathrobe

hamam xalatı

rubber gloves

rezin əlcək

tampon

tampon

sanitary towel

gigiyenik salfet

chemical toilet

kimyəvi tualet

alarm clock
zəngli saat

cuddly toy
yumşaq oyuncaq

toy car
oyuncaq avtomobil

rattle
cingilti

doll's house
kukla evciyi

present
hədiyyə

balloon

balon

bed

yataq

stroller

uşaq arabası

deck of cards

kart dəsti

jigsaw

elektrik mişarı

comic

komik

lego bricks

leqo kərpici

toy blocks

konstruktor blokları

action figure

oyuncaq-personaj

romper suit

yeni doğulmuş körpələr
üçün geyimi

frisbee

frisbi

mobile

yataq üstünə asılan körpə
oyuncağı

board game

masaüstü oyun

dice

zər

model train set

oyuncaq qatar

pacifier

emzik

party

qonaqlıq

picture book

rəsmli kitab

ball

top

doll

kukla

play

oynamaq

sandpit

qum qutusu

swing

yelləncək

toys

oyuncaqlar

video game console

video oyun konsolu

tricycle

üç təkərli velosiped

teddy bear

plüşdən hazırlanmış
oyuncaq ayı

wardrobe

şkaf

clothing

geyim

socks

corab

stockings

corab

tights

kalqotka

scarf
kaşne

umbrella
çətir

t-shirt
t-shirt

belt
kəmər

boots
çəkmə

slippers
şəpit

sneakers
idman ayaqqabısı

sandals
sandallar

shoes
ayaqqabı

rubber boots
rezin çəkmələr

underwear
dizlik

bra
lifçik

undershirt
alt köynəyi

body

alt paltarı

pants

şalvar

jeans

cins

skirt

yubka

blouse

bluza

shirt

köynək

pullover

sviter

sweater

başlıqlı idman gödəkçəsi

blazer

gödəkçə

jacket

gödəkcə

coat

pencək

raincoat

plaş

costume

kostyum

dress

paltar

wedding dress

gəlin paltarı

suit
kostyum

nightgown
gecə köynəyi

pajamas
pijama

sari
sari

headscarf
hicab / eşarp

turban
çalma

burka
burka

kaftan
kaftan

abaya
abaya

swimsuit
çimərlik geyimi

trunks
tumuş

shorts
şort

tracksuit
məşq kostyumu

apron
önlük

gloves
əlcək

button

düymə

glasses

eynək

bracelet

bilərzik

necklace

boyunbağı

ring

üzük

earring

sırğa

cap

papaq

coat hanger

asılqan

hat

papaq

tie

qalstuk

zip

zəncirbənd

helmet

dəbilqə

braces

aşırma

school uniform

məktəb uniforması

uniform

uniforma

bib
döşlük

pacifier
emzik

diaper
körpə bezi

server
server

filing cabinet
arxiv şkafı

printer
printer

paper
kağız

monitor
monitor

desk
iş masası

mouse
siçan

folder
qovluq

keyboard
klaviatura

waste-paper basket
zibil qutusu

computer
kompyuter

chair
stul

coffee mug
qəhvə fincanı

calculator
kalkulyator

internet
internet

laptop

laptop

letter

məktub

message

mesaj

cell phone

mobil telefon

network

şəbəkə

photocopier

surətçıxaran maşın

software

proqram təminatı

telephone

telefon

plug socket

ştepsel

fax machine

faks

form

forma

document

sənəd

buy

satın almaq

pay

ödəmək

trade

alverlə məşğul olmaq

money

pul

dollar

dollar

euro

avro

yen

yen

rouble

rubl

Swiss franc

frank

renminbi yuan

renminbi yuan

rupee

rupi

cash point

bankomat

currency exchange office

valyuta mübadiləsi
məntəqəsi

gold

qızıl

silver

gümüş

oil

neft

energy

enerji

price

qiymət

contract

müqavilə

tax

vergi

stock

səhm

work

işləmək

employee

işçi

employer

işəgötürən

factory

fabrik

shop

dükan

police officer
polis əməkdaşı

fireman
yanğınsöndürən

cook
aşbaz

doctor
həkim

pilot
pilot

gardener

bağban

carpenter

dülgər

seamstress

dərzi

judge

hakim

chemist

kimyaçı

actor

aktyor

bus driver

avtobus sürücüsü

taxi driver

taksi sürücüsü

fisherman

balıqçı

cleaning lady

xadimə

roofer

dam işçisi

waiter

ofisiant

hunter

ovçu

painter

rəssam

baker

çörəkçi

electrician

elektrik ustası

builder

inşaat işçisi

engineer

mühəndis

butcher

qəssab

plumber

santexnik

postman

poçtalyon

occupations - peşə

soldier

əsgər

architect

memar

cashier

kassir

florist

gül-çiçək satıcısı

hairdresser

bərbər

conductor

konduktor

mechanic

mexanik

captain

kapitan

dentist

diş həkimi

scientist

alim

rabbi

ravvin

imam

imam

monk

rahib

pastor

keşiş

hammer
çəkic

pliers
kəlbətin

screwdriver
vintaçan

wrench
qayka açarı

torch
fənər

excavator

ekskavator

toolbox

alətlər qutusu

ladder

nərdivan

saw

mişar

nails

dırnaqlar

drill

drel

repair

təmir etmək

shovel

kürək

Damn!

Lənət olsun!

dustpan

xəkəndaz

paint can

boya vedrəsi

screws

vintlər

musical instruments
musiqi alətləri

loud speaker
dinamik

drum set
zərb alətləri

guitar
gitara

double bass
kontrabas

trumpet
trompet

piano

fortepiano

violin

skripka

bass

bas

timpani

timpani

drums

nağara

keyboard

sintezator

saxophone

saksafon

flute

fleyta

microphone

mikrofon

tiger
pələng

entrance
giriş

cage
qəfəs

zebra
zebr

animal feed
heyvan yeməyi

panda
panda

animals

heyvanlar

elephant

fil

kangaroo

kenquru

rhino

kərgədan

gorilla

qorilla

bear

ayı

camel

dəvə

ostrich

dəvəquşu

lion

aslan

monkey

meymun

flamingo

flamingo

parrot

tutuquşu

polar bear

qütb ayısı

penguin

pinqvin

shark

köpəkbalığı

peacock

tovuz

snake

ilan

crocodile

timsah

zookeeper

zoopark işçisi

seal

suiti

jaguar

yaquar

pony
poni

leopard
bəbir

hippo
hippopotam

giraffe
zürafə

eagle
qartal

boar
qaban

fish
balıq

turtle
tısbağa

walrus
morj

fox
tülkü

gazelle
ceyran

zoo - zoopark

American football
amerikan futbolu

cycling
velosiped sürmək

tennis
tennis

basketball
basketbol

swimming
üzgüçülük

boxing
boks

ice hockey
buz xokkeyi

soccer

futbol

badminton

badminton

athletics

yüngül atletika

handball

həndbol

skiing

xizək

polo

polo

jump
tullanmaq

laugh
gülmək

hug
qucaqlaşmaq

walk
getmək

sing
oxumaq

dream
yuxu görmək

pray
dua etmək

kiss
öpüşmək

write

yazmaq

draw

çəkmək

show

göstərmək

push

itələmək

give

vermək

take

götürmək

have

sahibi olmaq

do

etmək

be

olmaq

stand

durmaq

run

qaçmaq

pull

çəkmək

throw

atmaq

fall

düşmək

lie

uzanmaq

wait

gözləmək

carry

daşımaq

sit

oturmaq

get dressed

geyinmək

sleep

yatmaq

wake up

ayılmaq

look at

baxmaq

cry

ağlamaq

stroke

sığallamaq

comb

daramaq

talk

danışmaq

understand

anlamaq

ask

soruşmaq

listen

dinləmək

drink

içmək

eat

yemək

tidy up

təmizləmək

love

sevmək

cook

bişirmək

drive

sürmək

fly

uçmaq

sail

üzmək

calculate

hesablamaq

read

oxumaq

learn

öyrənmək

work

işləmək

marry

evlənmək

sew

tikmək

brush teeth

dişləri təmizləmək

kill

öldürmək

smoke

siqaret çəkmək

send

göndərmək

grandmother
nənə

grandfather
baba

father
ata

mother
ana

baby
körpə

daughter
qız

son
oğul

guest

qonaq

aunt

xala/bibi

uncle

əmi/dayı

brother

qardaş

sister

bacı

body
bədən

forehead
alın

eye
göz

shoulder
çiyin

finger
barmaq

face
üz

chin
buxaq

hand
əl

breast
döş

leg
ayaq

arm
qol

baby

körpə

man

kişi

woman

qadın

girl

qız

boy

oğlan

head

baş

body - bədən

back
bel

belly
qarın

navel
göbək

toe
ayaq barmağı

heel
daban

bone
sümük

hip
bud

knee
diz

elbow
dirsək

nose
burun

buttocks
sağrı

skin
dəri

cheek
yanaq

ear
qulaq

lip
dodaq

mouth

ağız

tooth

diş

tongue

dil

brain

beyin

heart

ürək

muscle

əzələ

lung

ağciyər

liver

qaraciyər

stomach

mədə

kidneys

böyrəklər

sex

cinsi yaxınlıq

condom

kondom

ovum

qadın cinsi hüceyrə

semen

sperma

pregnancy

hamiləlik

body - bədən

menstruation

aybaşı

vagina

vagina

penis

penis

eyebrow

qaş

hair

saç

neck

boyun

body - bədən

hospital
xəstəxana

ambulance
təcili tibbi yardım

wheelchair
əlil arabası

fracture
qırılma

doctor

həkim

emergency room

reanimasiya şöbəsi

nurse

tibb bacısı

emergency

fövqəladə hallar

unconscious

huşunu itirmiş

pain

ağrı

injury

zədə

bleeding

qanaxma

heart attack

infarkt

stroke

insult

allergy

allergiya

cough

öskürək

fever

qızdırma

flu

qrip

diarrhea

ishal

headache

başağrısı

cancer

xərçəng

diabetes

şəkərli diabet

surgeon

cərrah

scalpel

neştər

operation

əməliyyat

CT

CT

x-ray

rentgen

ultrasound

ultrasəs

face mask

maska

disease

xəstəlik

waiting room

gözləmə otağı

crutch

qoltuqağacı

plaster

plaster

bandage

sarğı

injection

inyeksiya

stethoscope

steteskop

stretcher

xərək

clinical thermometer

hərarətölçən

birth

doğum

overweight

çəki artıqlığı

hospital - xəstəxana

hearing aid

eşitmə aparatı

disinfectant

dezinfeksiyaedici

infection

infeksiya

virus

virus

HIV / AIDS

QİÇS

medicine

tibb

vaccination

peyvənd

tablets

həblər

pill

həb

emergency call

təcili zəng

blood pressure monitor

qan təzyiqini ölçmək üçün
cihaz

ill / healthy

xəstə / sağlam

Help!

Kömək edin!

alarm

həyəcan siqnalı

assault

basqın

attack

hücum

danger

təhlükə

emergency exit

ehtiyat çıxışı

Fire!

Yanğın!

fire extinguisher

odsöndürən

accident

qəza

first-aid kit

ilkin yardım qutus

SOS

SOS

police

polis

Europe

Avropa

North America

Şimali Amerika

South America

Cənubi Amerika

Africa

Afrika

Asia

Asiya

Australia

Avstraliya

Atlantic

Atlantik

Pacific

Sakit Okean

Indian Ocean

Hind okeanı

Antarctic Ocean

Antarktika Okeanı

Arctic Ocean

Şimal Buzlu okeanı

North pole

Şimal qütbü

South pole

Cənub qütbü

Antarctica

Antarktika

earth

Yer kürəsi

land

ölkə

sea

dəniz

island

ada

nation

millət

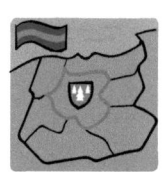

state

dövlət

earth - Yer kürəsi

clock face

siferblat

hour hand

saat əqrəbi

minute hand

dəqiqə əqrəbi

second hand

saniyə əqrəbi

What time is it?

Saat neçədir?

day

gün

time

vaxt

now

indi

digital watch

rəqəmsal saat

minute

dəqiqə

hour

saat

Monday
Bazar ertəsi

Wednesday
Çərşənbə

Friday
Cümə

Tuesday
Çərşənbə axşamı

Saturday
Şənbə

Thursday
Cümə axşamı

Sunday
Bazar günü

yesterday

dünən

today

bugün

tomorrow

sabah

morning

səhər

noon

günorta

evening

axşam

workdays

iş günü

weekend

həftə sonu

rain
yağış

spring
yaz

summer
yay

wind
külək

fall
payız

snow
qar

winter
qış

4.APRIL	11°	☀
5.APRIL	4°	☁
6.APRIL	13°	☔
7.APRIL	8°	❄
8.APRIL	10°	☀

weather forecast

hava proqnozu

thermometer

termometr

sunshine

günəş işığı

cloud

bulud

fog

duman

humidity

rütubət

lightning

ildırım

thunder

göy gurultusu

storm

fırtına

hail

dolu

monsoon

musson

flood

daşqın

ice

buz

January

yanvar

February

fevral

March

mart

April

aprel

May

may

June

iyun

July

iyul

August

avqust

September
....
sentyabr

October
....
oktyabr

November
....
noyabr

December
....
dekabr

circle
....
dairə

square
....
kvadrat

rectangle
....
düzbucaqlı

triangle
....
üçbucaq

sphere
....
kürə

cube
....
kub

white

ağ

yellow

sarı

orange

narıncı

pink

çəhrayı

red

qırmızı

purple

bənövşəyi

blue

mavi

green

yaşıl

brown

palıdı

gray

boz

black

qara

a lot / a little

çox / az

angry / calm

qeyzli / sakit

beautiful / ugly

yaraşıqlı / eybəcər

beginning / end

başlanğıc / son

big / small

böyük / kiçik

bright / dark

işıqlı / qaranlıq

brother / sister

qardaş / bacı

clean / dirty

təmiz / kirli

complete / incomplete

tam / natamam

day / night

gündüz / gecə

dead / alive

ölü / diri

wide / narrow

geniş / dar

edible / inedible

yemeli / yeyilməyən

evil / kind

hirsli / mehriban

excited / bored

həyəcanlı / bezmiş

fat / thin

kök / arıq

first / last

ilk / son

friend / enemy

dost / düşmən

full / empty

dolu / boş

hard / soft

sərt / yumşaq

heavy / light

ağır / yüngül

hunger / thirst

aclıq / susuzluq

ill / healthy

xəstə / sağlam

illegal / legal

qanunsuz / qanuni

intelligent / stupid

ağıllı / axmaq

left / right

sol / sağ

near / far

yaxın / uzaq

opposites - əksinə

new / used
yeni / istifadə edilmiş

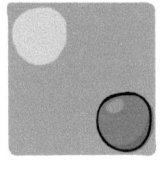

nothing / something
heç bir şey / bir şey

old / young
qoca / gənc

on / off
açma / bağlama

open / closed
açıq / bağlı

quiet / loud
sakit/ bərk

rich / poor
varlı / kasıb

right / wrong
düzgün / səhv

rough / smooth
kobud / hamar

sad / happy
kədərli / xoşbəxt

short / long
qısa / uzun

slow / fast
yavaş / sürətli

wet / dry
yaş / quru

warm / cool
isti / sərin

war / peace
müharibə / sülh

numbers

ədədlər

0

zero

sıfır

1

one

bir

2

two

iki

3

three

üç

4

four

dörd

5

five

beş

6

six

altı

7

seven

yeddi

8

eight

səkkiz

9

nine

doqquz

10

ten

on

11

eleven

on bir

12
twelve

on iki

13
thirteen

on üç

14
fourteen

on dörd

15
fifteen

on beş

16
sixteen

on altı

17
seventeen

on yeddi

18
eighteen

on səkkiz

19
nineteen

on doqquz

20
twenty

iyirmi

100
hundred

yüz

1.000
thousand

min

1.000.000
million

milyon

English

İngilis dili

American English

İngilis dilinin amerikan variantı

Chinese Mandarin

Çin dilinin Mandarin dialekti

Hindi

Hind dili

Spanish

İspan dili

French

Fransız dili

Arabic

Ərəb dili

Russian

Rus dili

Portuguese

Portuqal dili

Bengali

Benqal dili

German

Alman dili

Japanese

Yapon dili

I
mən

you
sən

he / she / it
o / o / o

we
biz

you
siz

they
onlar

who?
kim?

what?
nə?

how?
necə?

where?
harada?

when?
nə zaman?

name
ad

behind

arxadan

in

içində

in front of

qarşısında

over

üzərində

on

dair

under

altında

beside

yanaşı

between

arasında

place

yer